Ulrich Schaffer *Flügelleicht*

Flügelleicht

Ulrich Schaffer

Gedichte

EDITION Schaffer
im Kreuz Verlag

Für Justus Braag-Keller,
für dein Interesse und deine Ermutigung

Flügelleicht

Gedichte

Das ganze Jahr über sehe ich direkt vor dem Fenster meines Arbeitszimmers die Möwen im Wind gleiten, als wollten sie mir ihr Könnnen in der Luft vorführen. Es ist ein wunderbares Schauspiel. Mit ganz geringen Bewegungen meistern sie ihr Element. Eine Kopfbewegung lässt sie plötzlich neunzig Grad nach rechts abfallen. Die Stellung ihrer Flügel lässt sie auch im starken Wind in der Luft stillstehen. Was sie tun, scheint flügelleicht zu sein.
Ich habe für diesen Band viele „kleine" Gedichte ausgesucht. Texte, die auf den ersten Blick leicht und luftig scheinen. Sie beleuchten manchmal nur einen winzigen Aspekt des Lebens. Aber oft ist gerade in dem Kleinen, Unscheinbaren das Ganze enthalten.
Ich bin in dem Buch immer wieder in den stillen Innenraum in mir gegangen, um das zu hören, was sich in mir meldet und werden will. Und weil Gedichte Kommunikation sind, glaube ich, dass manche dieser Texte das in dir berühren, was auch da werden will. Ich gebe sie in deine Hände, sei vorsichtig mit ihnen. Wie du mit ihnen umgehst, sagt etwas aus über dich. Für dich geht es um dein

Leben, bevor du dieses Buch geöffnet hattest, während du in ihm liest, und nachdem du es wieder geschlossen hast. Es geht um dich. Verbaue dir nicht den Zugang zu dem, was durch diese Texte berührt wird. Es ist dein Leben. Sei gut zu dir.

Ich habe die Texte auf Mittelachse gesetzt, so dass jedes Gedicht eine andere äußere Form hat. Fast alle erinnern dadurch in irgendeiner Weise an die Form eines Baumes oder Busches. Bäume sind fest und doch leicht, da sie mit der Luft verbunden sind.

Die amerikanische Lyrikerin und Schriftstellerin Annie Dillard schreibt in ihrem Buch „A Writing Life": „Das Erlebnis des Schreibens ist im besten Fall das einer unverdienten Gnade." Je älter ich werde, desto mehr scheint es mir so zu sein. Es ist eine Gnade, sich dem Wichtigen zuwenden zu können und manchmal sogar Worte für das zu finden, was man dort entdeckt hat.

Ulrich Schaffer
Gibsons im Januar 2000

Of course! the path to heaven
doesn´t lie down in flat miles.
It´s in the imagination
with which you perceive
this world,
and the gestures
with which you honor it.

Natürlich! der Weg zum Himmel
liegt nicht einfach vor uns ausgestreckt.
Er ist in der Fantasie,
mit der du die Welt betrachtest,
und in den Gesten,
mit denen du sie ehrst.

Mary Oliver

Der unermüdliche Bleistift

Tief innen fließt es.
Ein Strom verbindet die inneren Organe,
Herz, Leber, die Erinnerung, die Nieren,
die Hoffnung, die Lunge,
Gott in den verästelten Adern.

Manchmal tritt der Strom
nach außen,
hinein in die Augen und Hände.
Er ist dann das Licht
in den Worten,
die der unermüdliche Bleistift schreibt.

Die
eine
unteilbare
Welt

Die Dinge der Welt

Ich möchte das wenige, was mir bleibt,
noch besser bewohnen –
die herrlichen Dinge der Welt.
Ich weiß, dass ich nichts besitzen kann,
alles ist mir nur geliehen,
alles wächst irgendwann davon. Ich auch.

Aber in der Zeit, die mir noch bleibt,
möchte ich den Geist in den Dingen
wie einen Drachen steigen lassen.
Ich möchte den Raum mit ihnen teilen
wie mit einem geliebten Menschen.
Ich möchte mich an den Dingen verletzen
und an ihnen heil werden,
ich möchte sie erhören
und von ihnen gehört werden.

So wird das Glück
wie ein Arm,
der nach dem Leben greift,
aus mir wachsen.
So werde ich nicht überlegen müssen,
ob ich umsonst gelebt habe.

Der weite Blick

Der weite Blick in die Landschaft,
ob am Meer oder in den Bergen,
ist immer der Blick durch alles hindurch,
um am Ende das deutlich zu sehen,
was unsichtbar war.

Es ist wie mit dem Wanderer,
der nach Jahren in seine Heimat zurückkehrt,
und sie so sieht,
wie er sie nie vorher sehen konnte.

Dann sind die Dinge
und ihre Bedeutung
eins.

An deinen Wimpern

An deinen Wimpern,
diesen zarten Kämmen,
bleibt der Überfluss hängen,
wenn lautlos das Farbmeer
auf dich zu wellt.

Es gibt keine Sicherheit vor dem Leben,
wenn du die Augen offen hältst.
Und wenn du sie schließt,
sind deine Lider transparent
für die Wucht deines Innern.
Es gibt keine Lider gegen das Leben.

Wollen wir arm bleiben,
nur weil der Reichtum uns ängstigt?

Was mich rettet

Wenn ich überlege, was mich rettet,
dann komme ich immer wieder auf die Dinge,
die ich liebe:
das fließende Wasser eines kleinen Flusses,
die Kiesel am Strand,
den nassen, frierenden Adler in der Tanne,
das gelbe, ausgetrocknete Gras
am Ende des heißen Sommers,
die Enge der Canyons
mit ihren überirdischen Farben,
den Strom mit seinen Mäandern,
den Wind, der den Himmel in Stücke reißt,
die Stimmen meiner Freunde,
die in ihrem Klang manchmal getrennt bestehen
von dem, was sie sagen.

Das Rettende sind die Dinge,
die uns so an die Erde binden,
dass wir fliegen können
in Himmel um Himmel.

Unermesslich ist

für Wolfgang Hofsommer

Was wir verstehen,
schließt uns schnell zu.
Was wir beschreiben,
verkleinern wir.
Was wir erkennen,
ist nur die Oberfläche.

Immer wieder werden wir gesegnet,
wenn wir nicht verstehen.
So werden die Zellen unserer Seele geöffnet
für den Vorstoß des Windes,
für das Unverstehbare,
das unser Rückgrat hinauf
und hinunter läuft
wie ein goldener Tropfen Licht.

Unermesslich ist,
was noch zu lernen bleibt,
bis wir endlich leer sind.

Gewebe der Welt

Ich möchte würdig sein,
mich in der Welt zu bewegen,
teilzuhaben am Stoff
und am Gewand des Planeten.
Ich bin nicht das ehrliche Licht
auf dem lila Berg in der Abendsonne,
ich bin nicht die geduldige Prärie
mit dem goldbraunen Schnaufen der Büffel.
Ich bin nicht eine Welle,
die wie ein eifriger Bote
von einem Kontinent zum andern läuft
und meldet, dass alles in Bewegung ist
und ankommen wird,
in der Nacht oder am Tag.

Und doch bin ich eine ganze Welt
in dieser Welt,
eine Vielzahl an Schwingungen,
ein Bindfaden mit einer Reihe Knoten,
gespeicherte Energie aus dem Werweißwoher.
Ich bin anders weise als die Zugvögel,
ich überwintere zwischen Alphabeten
und ziehe den Frühling mit meiner Erinnerung an.

In mir gibt es
den weiten Strand der Ebbe
und die Verheißung der Flut.
Manchmal
durchschneiden mich die vier Jahreszeiten
an einem einzigen, bewegten Tag,
dann schnaufe ich doch wie die Büffel,
und rufe herb wie der Reiher,
einbeining und dem Verhungern nah.

Mit meiner Erkenntnis grüße ich die Dinge,
die mich umgeben,
ich versuche sie zu spüren,
ich wiederhole ihre Sprache in mir,
ich öffne ihr Testament
und finde mich dort erwähnt.
Ich werde wesentlich
im Gewebe der Welt.

Das Leuchten der Espen im Herbst

Da,
auf der Prärie Montanas,
zwischen dem braunen Gras
in einer Senke,
durch die auch jetzt am Ende des Sommers
ein wenig Wasser fließt,
steht Gott,
weißstämmig, zitternd,
goldenen Hauptes
vor dem Tiefblau
seines Atems.

Lichtunterricht

für Kristin Becker

Ich bekomme Lichtunterricht
von Rembrandt, von Caspar David Friedrich,
von Marc, Turner und Nolde,
von Hodler und Cézanne.
Aber nicht weniger
von den Inseln vor meinem Fenster,
die wie kleine Pfoten
aus dem Nebel des Meers treten,
von den Farnen im Regenwald,
von einem Gedicht von Mary Oliver
aus Provincetown am Atlantik,
von den Stufen meines eigenen Denkens
und von dem Cello in den Händen von Casals,
das mit den Noten von Bach
Licht durch flüssigen Honig filtert.
Licht verbindet sie alle.

Specht

Auf der Tanne sitzt der Specht
mit feuriger Haube,
Dryocopus pileatus,
und wir fassen ihn glücklich ins Auge,
weil er es ist,
der uns aufmerken läßt,
dass die Schönheit der Welt unerschöpflich ist,
und der sichtbar macht,
was wir längst wissen,

und was wir vermissen,
bis hinein in die Knochen,
wenn das Licht untergeht,
und der Tag uns erinnert,
dass alles ein Ende hat,
da zwischen unseren Schulterblättern,
zwischen unseren Augen,
zwischen unseren vollen Lippen.

Heißer Sommertag

Schon wird das Gras goldbraun
von der Sommerhitze
hier auf dem Granitberg,
der nur eine dünne Haut Erde trägt.
Ein Schwalbenschwanz verändert torkelnd
tausendmal die Richtung,
ehe er im dunstigen Blau verschwindet.

Es müsste einen Tod
in die Luft hinein geben,
einen Freispruch von der Erde,
ein Aufsteigen in den Geruch des Harzes,
der aus Kiefern und Tannen strömt.

Ich würde der Weißkopfadler sein,
der mich schon lange gelockt hat,
das Fliegen ernst zu nehmen.
Ich würde eine große Schleife hinlegen
über den Inseln unter mir,
die den Pazifik erwärmen.
Es müsste ein Leben
in die Luft hinein geben,
einen Freispruch vom Tod.

Gott in den Früchten

Mit den Früchten gehe ich um
wie mit Gott.
Ich esse und verdaue sie,
ich verwandle sie in Worte und Bewegungen
und beobachte, wie ich blühe.
Saftig ist das Fleisch des Pfirsichs
und das der Eierpflaume,
fremd und wild der Geruch der Mango.
Die aufgeschnittene Kiwifrucht
trägt einen Dornenkranz in sich.
In jeder Frucht
spielt Gott anders.

Begreifen

Kaum hatte ich gesagt,
dass der Sinn im Leben
manchmal schwer zu finden sei,
da sprach die alte Fichte
wie ein Philosoph,
deutlich und mit einer nahen Weisheit,
und die Welle dahinter
erzählte mit ihrer feuchten Aussprache
von dem Beginn der Welt,
und die Möwe über der Welle
zögerte nicht, die Wahrheit
mit dem Schwung ihrer Schwingen
deutlich zu machen.
Da begriff ich meine Blindheit.

Die eine unteilbare Welt

Ich spreche
von der einen unteilbaren Welt,
deren Dinge
sich nicht nach Wert und Bedeutung
ordnen lassen.
Warum sollte ein Mensch mehr wert sein
als eine Landschaft
und eine Blume mehr wert als ein Sandkorn?
Sind sie nicht alle heilig,
und von Gott bewohnt?
Alles fließt zueinander hin,
das eine erhält das andere,
erhöht es, nimmt es in sich auf,
erkennt und vergisst es,
so wie das Geheimnis in seiner Entfaltung
es braucht.

Wenn ich durch den Wald an den Strand gehe,
bewege ich mich
von einem Himmel in den anderen,
setze Fuß vor Fuß,
fülle Auge um Auge,

die Kathedrale der Bäume über mir,
das eben abgekühlte Herz der Erde unter mir,
springe von Baum zu Stein zu Wiese,
gehe die letzten Meter auf dem Wasser
und komme an meiner Haustür
– zu der alle Schlüssel passen –
verwandelt an.

Wer will sagen,
ich hätte nicht die ganze Welt umrundet?

Am Meer

Jede Welle heilt,
bricht auf, heilt.
Wie ein Arzt,
der schneidet und verbindet.
Flut um Flut, Ebbe um Ebbe,
Wunde um Wunde.
Dabei geschieht Unermessliches.
Die Welt wird fertig gestellt,
sie wird geschliffen und abgerundet,
so wie du wirst, was du bist.
Träume wechseln über in die Wirklichkeit,
erfüllen sich und verfliegen,
Ungeheuer werden zahm und nahbar,
eine alte Geschichte geht zu Ende,
um einer neuen Raum zu machen,
und über deiner Wunde
schließt sich leuchtend und heilig
das Fleisch.

Mit unserem Unvermögen lieben

Flügelleicht

Wenn ich um dich bin,
flügelleicht, findelkindarm,
warte ich auf eine Tür zu dir.
Ich will nicht durchs Fenster kommen,
diebisch und frech,
und dich erschrecken
im weinroten Bogen deiner inneren Stille.
Mit jedem Zögern
liebe ich dich anders.

Spur der Liebe

Es geht nur darum,
die Spur der Liebe zu verfolgen,
auch über den steinigen Boden,
auf dem keine sichtbare Spur bleibt.
Es lohnt sich:
Wimper um Wimper,
Zeile um Zeile,
Schweigen um Schweigen.

Im weichen Flaum

Im weichen Flaum
auf der Haut ihrer Wange
ereignet sich für ihn das,
was er nicht in Worte fassen kann.
Er spürt,
dass diese Wahrheit
ihn ohne Namen und Gestalt überrascht.
Da schließt er die Augen
und ist frei.

Du kannst mich erhören

Auch wenn du es nicht annehmen willst,
bin ich doch die Straße
unter deinen Schuhen,
die verletzte Möwe, das fallende Blatt,
die explodierende Knospe,
dein rechter Arm, deine linke Hand,
des Schweigens Schweigen,
deine Bestürzung vor dem Glück,
die Verwerfung tief in der Erde.
Ich lasse nichts aus,
auch mich selbst nicht.

Du kannst mich erraten,
weil du blind bist,
du kannst mich erfahren,
auch wenn du mich verläßt,
du kannst mich erhören,
tief, tief in dir.
Ich habe deutlich gemacht, was ich will:
Sieh in das Testament deiner Wünsche.
Da finde ich statt.

In Keilschrift

Der Mond
über meiner Schulter
liest alles, was du nicht geschrieben hast,
die ganze Stille des Lebens und Sterbens,
die du zwischen die Zeilen gefügt hast.
Ich höre sie, ich spüre sie.
Wie ein alter Ritus
spielt sie sich auf den Tontafeln in mir ab,
in der Keilschrift
von Herz zu Herz.

Pinsel in lockerer Hand

Der Abstand zwischen uns
ist ein Kunstwerk.
Ihn zu erhalten,
in Form und Farbe,
durch Not und Glück,
allein und zusammen,
erfordert, dass wir Künstler werden,
du und ich.

Ich staune,
wie locker dein Handgelenk ist –
der Pinsel bewegt sich so,
als wolle er dich und mich zaubern
und die Gezauberten
nie rahmen lassen.

Zur Nacht

Wenn du heute der Wind wärst
und ich das Boot,
wir würden uns nicht
in sicheren Buchten aufhalten.

Mit einem Ruck
steuere ich auf die hohe See,
und mit einem Stoß von dir
schwillt mein Segel
vor soviel Kraft.

Zur Nacht
fahren wir in die Sterne.

Satzzeichen, Pausen

In der Fremdsprache der Liebe
werden die Punkte... und Kommas,,,
die Ausrufezeichen!!! und Fragezeichen???
anders gesetzt als in Deutsch, Englisch,
Ironisch, Esperanto oder Desperado.

Die Regeln sind fließend,
aber es gibt sie,
doch sind sie jeden Tag anders
und anders im Verzicht
als im Glück,
und wieder anders im Wagnis,
ganz zu schweigen vom Verlust,
in dem durcheinander gerät,
was einmal wichtig war.
Wo man noch gestern
einen Punkt gesetzt hat,
muss man heute ein Komma setzen,
und aus vielen Ausrufezeichen
werden im Laufe der Zeit Fragezeichen,
wenn man es erlaubt.

Weißt du,
manchmal habe ich schon überlegt,
ob man nicht die Regeln
großzügig vergessen sollte,
aber dann könnte es sein,
dass die Satzzeichen langsam verschwinden,
und dann würden uns die Pausen fehlen,
die ein Punkt, ein Komma,
ein Ausrufezeichen und ein Fragezeichen schafft.
Und ohne die Pausen
wären wir in der Liebe
und die Liebe in uns verloren.

Als du die Fäuste deiner Worte

Als du die Fäuste deiner Worte
gegen mich erhobst,
war die Angst gleich da,
und die Bilder,
die ich sorgfältig gehütet hatte,
zersprangen wie farbige Scheiben.
Es wurde deutlich,
dass die Angst
die kleine Schwester des Todes ist.

Da legte ich meine Hand auf deine Faust,
mit aller Liebe,
zu der ich fähig war.
Da tat deine Faust sich auf,
und ich spürte die Fasern meines Wesens
nicht mehr zittern.

Wie ein Keil

Ich kann den Moment nicht hervorzaubern,
nicht mit dem alten Willen
und nicht mit der neuen Vernunft,
du kannst ihn nicht vorhersagen,
trotz deines Wissens
und Gewissens,

den Moment, in dem die Dinge sich auflösen,
um sich dann blitzschnell
wieder anders zusammenzusetzen.

Das ist der Moment der Liebe,
in dem sie sich
zwischen Nie
und Immer
einfügt
wie ein
Keil.

Vielleicht braucht nur jemand zu sagen:
Lasst uns über Bord werfen, was wir kennen,
diesen Frühling hat es noch nie gegeben.

Elementar

Ich bin,
auf meine Weise,
glücklich, da zu stehen,
wo das Meer das Land berührt,
und zu begreifen,
dass alles im Leben so ist:
Immer treffen zwei Elemente aufeinander,
und eines gibt dem anderen nach,
oder sie vermischen sich
vorübergehend und oberflächlich
– ich sehe gerade wie die Flut
sich auf den Strand schüttet –,
und trennen sich wieder.
Erde, Wasser, Luft und Feuer.

Alle Bücher werden mich
nicht mehr lehren können,
und nur die besten werden es dem Meer
und dem Land gleichtun.

Hältst du es aus,
wenn mein Feuer auf dein Wasser trifft?

Anwesenheit

Wenn du kämst,
könnte ich mich dir zuwenden,
als wärest du nie weg gewesen.
Aber weil du fort bist,
bist du in mir geblieben.
So warst du eigentlich gar nicht fort,
und wir haben uns beide die langen Wege gespart.

Zartheit

Ich gehe auf deiner Haut
wie auf einer Landschaft,
über ihr schwebend,
sie kaum berührend.
Ich will keine Spuren hinterlassen,
vielleicht nur Erinnerungen,
wenn du sie aushältst,
oder vielleicht nur den Hauch,
dass etwas gewesen ist,
und vielleicht noch nicht einmal das.

Mit klaren Augen wagen

Ein diamantenes Stück Himmel

Wir entscheiden,
ob wir in dunkelvioletten Nächten
in uns gefangen bleiben,
oder ob wir uns verzaubern lassen
von der unfassbaren Welt
in einen Berg der Hoffnung,
in ein Ufer des Abenteuers,
in ein diamantenes Stück des Himmels,
mit dem wir die Erde erfüllen,
oder gar in einen Baum des Lebens.

Wagst du,
es an dir geschehen zu lassen?
Alles an uns ist verwandelbar.

Klaren Auges

für Johanna Kreppein

Wünsche dich nicht fort von hier,
zuviel hast du daran gearbeitet,
diesen Tag zu erreichen
und den Körper zu bewohnen,
den du jetzt hast.
Es ist ein Teil des großen Plans,
trotz der Schmerzen
auf dem Weg.

Was immer auch kommen mag
an Angeboten und Drohungen,
du kannst dir treu bleiben.
Das ist mit nichts aufzuwiegen.

Nichts ist so wertvoll wie du,
dir selbst gegenüber,
klaren Auges.

Die Tüte mit Samen

Vielen geht es so wie dir.
Aber was sie tun, ist für dich
in diesem Moment nicht wichtig,
ihr Weg ist nicht dein Weg.

Wenn du nichts mehr von dem erfinden kannst,
was dich früher gerettet hat,
keine Liebesnacht, keinen kühlen Morgen,
keine gültigen Antworten
und keine Verklärung der Lage,
wenn du der Täuschungen müde bist
und vor der Leere sitzt,
aus der nur entsteht, was du säst,

dann ist es Zeit,
dass du die Schaufel holst,
die Tüte mit Samen,
die Gieskanne.

Mein Armband

Ich habe mir aus kleinen Perlen
ein Armband aufgefädelt,
um mich zu erinnern,
dass ich zu dieser Welt gehöre,
mit allem was sie auf sich trägt.

Die weißen Glasperlen
sind Zeichen der Luft,
dieser Hülle des Lebens, die uns umgibt
und uns an den Himmel der Gedanken erinnert.

Die kleinen grünen Perlen
stehen für die Wälder und Wiesen,
die unentwegt den Sauerstoff schaffen,
den wir brauchen, um zu leben.

Die braunen Holzperlen
und die durchlöcherten Kerne
von Wacholderbeeren
sprechen für die Erde,
die braune, schwarze, gelbe und rote,
aus der die Pflanzen wachsen,
die uns nähren.

Die blauen Glasperlen
sind die Meere, Seen und Flüsse,
diese Augen Gottes, die uns rein erhalten,
die unsere Straßen und Träume sind,
unsere Sehnsucht und unser Schrecken.

Und versteckt zwischen den dreiundachtzig
weißen, grünen, braunen und blauen Perlen
ist eine winzige rote Perle –
um mich an das Feuer in mir zu erinnern,
diesen Funken, der nötig ist,
um zu leben
und Leben liebend zu erhalten.

In einem unbeobachteten Moment

Deine Gedanken sind so leuchtend
– blattgrün, tulpenrot, fliederlila –,
dass du über sie erschrickst,
weil du dich selbst nicht so siehst.
Doch, doch,
so bist du
in einem unbeobachteten Moment.

Es ist viel wert,
sich selbst denken zu sehen,
mit den Augen anderer,
mit sich selbst zu tanzen
auf der Netzhaut
eines fremden Auges,
um teilzuhaben
an dem wogenden Farbenmeer,
an den flüsternden Schattierungen,
novembermeergrau,
kiefernborkenbraun,
treibholzsilber,
seelenhauchweiß.

Unbeholfen

Die vorsichtige Stimme
deiner Unbeholfenheit,
das ängstliche Schweigen deiner Sorge,
dein verhaltenes Tasten,
die Zartheit deiner Behinderung,
das Raunen deiner Unsicherheit,

sie alle sprechen –
nicht mit der Stimme der Überzeugung,
nicht mit den Fanfaren der Macht,
nicht erhaben und glücklich
und gerade darum
verständlich für die,
die lange gewartet haben,
auf dieses Flüstern.

Da,
wer hätte es gedacht –,
steht die Wiege des Muts.

Den Verstand verlieren

Ich suche eine Weisheit,
die ich selbst nicht habe,
die sich aber mit meiner verbinden könnte
zu einem weiten Feld von Blumen,
in dessen starkem Duft es möglich wäre,
für eine kurze Zeit
den Verstand zu verlieren.

Landkarte der Welt

In die linke Brusttasche
meines Mantels eingenäht
ist eine Karte der Welt,
ohne Grenzen.

Ich hoffe, der Kartograph
gleich daneben
liest sie.

Ein dunkler Tag, ein heller Tag

Wenn du den einen Tag
annehmen kannst,
der dir nichts bringt,
der dich mit Schmerzen betäubt,
der dir jede Stunde deutlich macht,
dass du unsäglich vernachlässigt bist,
der dir die Welt verschließt,
der sich deiner nicht erbarmt,

wenn du ihn annehmen kannst,
wie ein Geheimnis,
wie ein großes Versprechen,
wie den schweigenden Gott,
den du nicht anklagst,

dann wirst du vielleicht spüren,
dass dich das Leben mit diesem Tag tauft
und dir zumutet und zutraut,
den Sinn zu finden.
So stark bist du,
so konzentriert auf das Überleben.

Und wenn du den einen Tag gewonnen hast,
hast du dein Leben gewonnen.
Dann kann es geschehen,
dass du vergisst,
was hinter dir liegt,
und dich an das erinnerst,
was vor dir wartet.

Du wirst tun,
was du nie tun konntest.

Das kleine Boot in den Wellen

Die Hoffnung ist ein kleines Boot,
nur Zentimeter ragt seine Bordwand über die Flut.
Wenn die großen Wellen kommen,
die Angst, das Vergessen,
die grellen Schimpfworte
und das Tier mit scharfen Zähnen,
von denen jeder einen Namen hat
wie Fressdichauf, Kaudichdurch,
Zermalmemalmemalmedich,
dann schrumpft mein Boot.
Manchmal bist auch du eine Welle,
die mit den andern zu mir hereinschwappt.

Aber ich habe eine kleine Schüssel,
mit der schöpfe ich Wasser aus dem Boot
zurück in das große Meer.
So bleibt alles nur halb voll, halb schwer,
halb bedrohlich, halb unerlöst.

Übrigens habe ich das Steuer festgebunden.
Selbst wenn ich einschlafen sollte,
wird das Boot seinen Kurs halten.

Meine erhobenen Arme

Meine erhobenen Arme
sind der Anlauf
zum Himmel.
Ich brauche nur
eine Stütze
für mein Herz,
das vergesslich schwache.

Allein

Ich staune,
dass ich allein durch diese Arterien fließe,
dass ich den See der Angst allein spüre,
dass ich es bin,
der seine Träume nicht abschütteln kann,
dass es meine Augen sind,
die vernachlässigen,
dass ich hoffe, wie eine Frühlingsblume, allein,
allein. Ganz allein.

Niemand fließt mit mir durch meine Blutbahnen,
niemand holt für mich Luft,
niemand fühlt die Wellen des Schreckens,
die mich überrollen.
Niemand anders gibt die Hoffnung auf,
in den faserigen Wänden
dieses Körpers.
Nur ich.

Ich habe diese Zeit gewählt,
diesen Körper, diesen Willen,
den Geist, der dies denkt.
Ich bin frei.

Eis und Licht

Still schicke ich manche Erinnerungen fort,
weil ich nicht will,
dass sie mehr und mehr
von meinem kleinen Leben einnehmen.
Es muss Platz bleiben
für die Handlung zum ersten Mal,
für den Gedanken, der wie ein Blitz
aus der Zukunft kommt,
die sich unberührt zeigen will,
wie auch ich es jede Minute neu bin.

Nie hast du diese Zeilen gelesen,
nie gedacht, was du jetzt denkst.
Deine Erinnerungen sind nur Fahnen
auf dem alten,
verlassenen Land.

Vor dir
liegt das Eis und das Licht des Neuen.

Bruder Tod

Vielleicht ist es möglich,
sich den eigenen Tod so oft vorzustellen,
ihn so liebend zu beschreiben,
ihn wie eine dünne durchsichtige
Gardine im Wind
zu spüren,
seinen Hauch wahrzunehmen
wie einen warmen Abendwind
ohne Angst,
sich an all die vor uns zu erinnern,
die ihm begegnet sind,
und zu wissen,
dass er der Anfang von etwas ist,
was wir nicht sagen können,

und dass er durch all diese Übungen
wie ein Freund in unserer Handfläche lebt,
wie der Stamm zwischen unseren Schulterblättern,
oder als Berg in unserem Leben steht,
der uns die Tiefe und die Höhe gibt,
nach der wir uns gesehnt haben.

Vielleicht ist es möglich,
ihn Bruder und Schwester zu nennen,
Bruder Tod, Schwester Tod,
und ihn heimzuholen
wie einen Freund,
der bei uns leben will,
weil er nicht knöchern ist,
nicht weiß und leblos,
sondern der Kern des Lebens,
und weil er es ist,
der die letzte Pforte
unserer Sehnsucht aufstößt.

Vor dir der Weg

Wenn sich der neue Weg in dir eingräbt
wie eine Furt,
wie ein Stern im Fallen,
wie der Fluss der Wahrheit,
der dich gewählt hat,
dann kannst du nur losgehen,
ohne den Ballast
und ohne die Zurückhaltung,
die sich wie die Schlinge des Henkers
immer wieder um deinen Hals legt
als liebe sie dich,
dann kannst du nur gehen,
dann kannst du nur,
dann kannst du,
zart und fest.

Stille Wege ins Geheimnis

Wie sich dein Weg auftut

Du wehrst dich gegen das,
was alle von dir erwarten,
dieses Fremde, in dem du verloren gehst,
wie im Ärmel der Nacht.

Du bist nicht unverbesserlich,
du bist nicht stolz,
du bist nicht so alt,
dass du nicht mehr jung sein könntest.

In leuchtendem Rot und samtenem Gelb
reift eine Frucht in dir,
und wenn niemand es sieht,
fällt sie, und alle staunen,
dass du viel mehr bist
als ihre Vorstellung von dir.

Darum darfst du immer wieder
in den blauen Himmel in dir aufsteigen,
in dieses unendliche Meer Gott,
in den Pfeil deines Weges.

Von hier nach dort

Gelegentlich
– aber es wird immer häufiger –,
möchte ich nur noch kommen und gehen
zwischen großen alten Bäumen,
am Strand, mit den Füßen in den Wellen,
in der Ortschaft mit ihren großen und kleinen Sorgen.
Ich möchte die tiefen Gedanken überwunden haben,
die Verdammungsgedanken,
die Rettungsgedanken,
den Himmel, die Hölle.

Dann könnte ich das Himmelsblau,
die Regenwolken, die Kirchen im Ort,
den Specht mit seiner feuerroten Kehle,
die Fragen, die Antworten, die Wellen,
die Unsicherheit, das Versagen neu lieben,
ohne ihnen eine Medaille zu verleihen.
Ich wäre nicht mehr stolz, ein Mensch zu sein,
als brauchte die Schöpfung eine Krone.

Ich hätte Gedanken so tief,
dass sie abheben und leicht singen,
und alles wäre ausgedrückt
in meiner Bewegung von hier nach dort.

Fast Mitternacht

Unzerstörbar
schien mir heute
die Hoffnung,
zu der du beigetragen hast
mit der Vorsicht deines Körpers,
mit den Geschichten,
die deine Ehrlichkeit nicht fertigstellt,
und dem Glauben,
der keinen Namen trägt.
Da wurde ich unzerstörbar.

Wenn das Schwere leicht wird

Wenn das Schwere leicht wird,
wenn es auf der Zunge zergeht,
und wir wagen, es zu streicheln,
wenn es trotz seiner Schwärze leuchtet,
wenn es uns fliegen lehrt, wie nichts anderes,
wenn wir es nicht verstecken
und uns nicht vor ihm verstecken,
wenn wir es umarmen,
auch wenn wir daran sterben,

und wenn das Leichte
endlich in unseren Armen schwer sein darf,
wenn es uns beschwert,
damit wir Gewicht bekommen
und die Erde sich in uns ausruhen kann,

dann sind wir angekommen.

Als mein Vater starb

Als mein Vater starb,
hat er seine Seele ausgezogen
und sie über einem Baum gehängt,
den ich nicht kannte
und nicht finde.
Er begann schon vor seinem Tod damit.

Nun bin ich dran,
mich zu entäußern.
Ich tue es,
indem ich die Dinge liebe
als hätten sie keine Wirklichkeit
außer in meiner Liebe.

Als ich gerade hier beim Schreiben innehielt,
zog ein Schwarm Krähen über dem Meer vorbei,
vielleicht waren es fünfzig.
Ich nehme sie auf
in das weite Gewand meiner Liebe,
meiner Seele.

Was sich versteckt hält

In dem Schiff, dessen Mannschaft ich bin,
gibt es noch ein Schiff,
das unbemannt ist.

In der Wahrheit, die ich sage,
gibt es noch eine Wahrheit,
die ein kleines Reiskorn ist.

In dem Vorbild, dem ich nacheifere,
gibt es noch ein Vorbild,
dem fehlen Hände und Beine.

In der Fahrt, die ich antrete,
gibt es noch eine Fahrt,
die die erste an Länge übertrifft.

In der Nacht, die mich ängstigt,
gibt es eine noch dunklere und kältere,
die mich erleuchtet.

In dem Mut, den ich spüre,
gibt es noch einen Mut,
der nicht handelt und nicht spricht.

In der Vorsicht, mit der ich arbeite,
gibt es eine Sorglosigkeit,
die nicht an Fehler glaubt.

In der Liebe, die ich übe,
ist eine Liebe, die nicht zu üben ist.
Sie legt sich auf das Herz wie eine glückliche Last.

In der Freiheit, die ich mir geschaffen habe,
gibt es eine Sehnsucht nach festen Regeln.
Es ist die Spannung, die ich suche.

In dem Glück, das mich heimsucht,
ist ein Glück, das mich ausstößt
wie eine Vogelmutter ihre Jungen.

In der Begegnung ist eine Begegnung,
die ohne mich stattfindet,
aber ohne mich nicht zu denken ist.

In dem, was ich glaube,
glaubt etwas abgründiger,
es könnte Gott sein.

Gefüllte Hände

Manchmal gelingt es mir,
meine Hände zu einer kleinen Schale zu formen
und zu spüren,
was das Leben unaufhörlich in sie legt.

Da liegen die Geschenke der Luft,
die Wahrheit, schlicht wie ein Kreis,
Menschen wie Brot,
ein Weg aus dem Kopf in die Welt,
eine Erinnerung voller Versagen,
die Verwegenheit eines Gedankens,
ein randvolles Feld Mohn,
die Krümmung der Erde
in meinen geformten Händen.

Nie ist die Schale voll,
nie ist sie leer,
immer ist das Maß
mir angepasst.

Was wir wert sind

für Leni Schüttel

Wir wissen nicht,
was wir wert sind.
Es ist ein Geheimnis.
Aber könnte es nicht sein,
dass die Balance der ganzen Welt,
an dir und mir hängt?
Was unerklärlich ist, ist nicht unmöglich.

Wie wären wir da plötzlich
in der Mitte der Handlungen,
das Feuer, das wärmt,
die Hand, die sich dem Sinkenden entgegenstreckt,
die Tinte, mit der der Friedensvertrag
endlich unterzeichnet wird,
das unverminte Land.

Was wir glauben,
schafft Wirklichkeit,
hält uns offen für das Wunder,
ist Sprache und Verwandlung,
ist gelebtes Geheimnis.

Worin besteht da deine Armut?

Der Komet begleitet dich
mit seinem Aufflammen,
der Fluss deiner Heimat
– erinnerst du dich noch an ihn –,
hat dich ins Leben geleitet,
die warmen Schatten vergangener Sommer
haben dir in Wintern beigestanden,
die Fürbitten Unbekannter
haben dir deine Angst genommen,
die Rückkehr der Schwalben
war jedes Jahr ein Fest,
nichts hat dich so gekrönt,
wie die hohen, alten Bäume.
Immer wieder landete an deiner Küste
ein Schiff mit der Fracht der Überraschung,
und aus dem Boden schossen
Triebe uralter Erkenntnisse.

Worin besteht da deine Armut?
Du liegst in den offenen Händen des Schicksals,
was anders soll dir geschehen,
als das, was jedem von uns geschieht:
Leben und Tod
in geheimnisvoller Abwechslung.

Alles, was Gott berührt

Alles, was Gott berührt,
bekommt Bedeutung.
Es ist Gott unmöglich,
etwas nicht zu berühren.
Es ist Gott unmöglich,
etwas zu berühren.
Gott berührt alles
oder nichts.

Was der Plan ist

Es steht nicht geschrieben
wie es sein wird,
wie es sein sollte.
Vielleicht liegt eine Skizze vor,
oder auch sechs Milliarden.
Manche unterscheiden sich
um nur eine Haaresbreite von anderen.
Andere sind unverstehbar für alle
außer ihren Meistern.
Wieder andere stammen
aus dem Büro Himmlischer Erfindungen,
sind entweder schwarzweiß oder farbig,
matt oder glänzend.

Nimm sie alle nicht so ernst.
Plan ist,
was geschieht.

Die eine Botschaft

Heute
hatte die Welt
3.489 Botschaften für mich.
Sie offenbarte sich in einer jeden,
ich aber hörte, sah, roch,
fühlte und schmeckte
nur 89 von ihnen.

Ich war nicht wach genug, um zu entdecken,
dass sie alle immer wieder
die gleiche Botschaft waren,
und dass etwas in mir in völliger Hingabe
unaufhörlich antwortet.

Es ist schon die Asche

Es ist schon die Asche,
die du spürst,
die dich blind macht,
die das Weinen aufwellen läßt
wie ein inneres Meer,

die Asche von den Knochen,
von der trockenen Haut,
von den Nerven, die den Himmel spürten
in jedem Sandkorn,
in jeder unscheinbaren Bewegung.

So kurz ist das Blühen,
so kurz das Glühen,
so schweigsam der Himmel.

Flucht

Es gibt Gespräche,
aus denen fast jeder davonlaufen möchte
in die wirkliche Welt,
in der ein Wind die Blätter umherwirbelt,
die Sonne die Hände erwärmt
und sich nichts versteckt,
was eigentlich gesehen werden möchte.

Spät am Abend
beginnt es in der wirklichen Welt
zu schneien –
jede der Schneeflocken zergeht auf den Lippen,
und keine von ihnen ist ein Wort.

Es muss etwas geben

für Willow Toccata

Es muss möglich sein,
in die Hände zu klatschen
und Tauben aufsteigen zu sehen,
wo vorher Steine lagen, blauweiß und schwer.

Es muss möglich sein,
Worte zu finden, an denen sich aufrichtet,
wer nicht mehr gehen kann,
nicht mehr denken kann,
nicht mehr zu lieben wagt.

Vielleicht sind es nicht Worte,
sondern Blicke,
oder die kleinsten Bewegungen,
oder ein winziger Gedanke,
an dem das Unaussprechliche sich entzündet.

Was bin ich mir?

Was bin ich mir?
Ein steiler Weg,
eine schmale Tür,
ein dunkelroter Faden,
eine Abrechnung,
ein Bekenntnis,
eine Herausforderung.
Nur was ich mir bin,
kann ich dir sein.

Nebel um Nebel

Dieser Tag,
der vom Himmel herabgraut
und von der See heraufzieht,
dieser Tag trägt seinen Widerspruch
wie eine Decke, die er über mich legt,
damit ich nicht unnötig leide
unter den Gleichungen des Lebens,
die nicht aufgehen.

Wir verstehen so wenig,
wir missverstehen so viel
und können manchmal beides
nicht auseinander halten.
So glauben wir uns durchs Leben,
Nebel um Nebel,
Lichtstrahl um Lichtstrahl.

Ich genüge

Manchmal,
wenn ich ans Meer trete,
weiß ich nicht, was ich will.
Das, was nicht ist,
und das, was sein könnte,
überwältigt mich.
Ich versuche meinen Auftrag zu erspüren,
diese stille Formel,
nach der sich alles erschließt.
Es gibt so viel zu tun.

Bis ich merke, dass es nicht darum geht,
was ich will,
sondern dass ich erlaube,
auf eine geheimnisvolle Art
gewollt zu sein.
Ich muss nichts tun, ich genüge.
Mit meinen Augen folge ich einer Welle,
atme aus und spüre
wie mein Atem um die Welt geht.

Der Wind und seine Richtung

Seitdem ich weniger
nach dem umfassenden Sinn frage,
spüre ich,
dass ich der Antwort näher komme.
Vielleicht haben die beiden
so wenig miteinander zu tun
wie der Wind und seine Richtung.

Verlass die Buchstaben

Du kannst dieses Buch jetzt weglegen.
Niemand wird es merken.
Ich werde dir nicht böse sein,
ich habe sowieso schon darauf gewartet
und dich mit den vorhergehenden Zeilen
still ermuntert.

Alles zielt darauf,
dass du dieses Buch weglegst
und still eintrittst,
in das, was nur du schreibst,
schon seit dreißig, vierzig oder fünfzig Jahren,
und was spannender für dich ist
als alles, was ich hier schreibe.
Es ist so.

Ich gehe nach ein paar Zeilen
auch wieder zurück zu meinem Lebensbuch.
Kein Buch erfasst dein oder mein Leben,
aber ab und zu
können wir uns gegenseitig
aus unseren Büchern vorlesen.

Inhalt

Vorwort: Flügelleicht
Der unermüdliche Bleistift 9

Die eine unteilbare Welt
Die Dinge der Welt 13
Der weite Blick 14
An deinen Wimpern 15
Was mich rettet 16
Unermesslich ist 17
Gewebe der Welt 18
Das Leuchten der Espen im Herbst 20
Lichtunterricht 21
Specht 22
Heißer Sommertag 23
Gott in den Früchten 24
Begreifen 25
Die eine unteilbare Welt 26
Am Meer 28

Mit unserem Unvermögen lieben
Flügelleicht 31
Spur der Liebe 32
Im weichen Flaum 33
Du kannst mich erhören 34

In Keilschrift 35
Pinsel in lockerer Hand 36
Zur Nacht 37
Satzzeichen, Pausen 38
Als du die Fäuste deiner Worte 40
Wie ein Keil 41
Elementar 42
Anwesenheit 43
Zartheit 44

Mit klaren Augen wagen

Ein diamantenes Stück Himmel 47
Klaren Auges 48
Die Tüte mit den Samen 49
Mein Armband 50
In einem unbeobachteten Moment 52
Unbeholfen 53
Den Verstand verlieren 54
Landkarte der Welt 55
Ein dunkler Tag, ein heller Tag 56
Das kleine Boot in den Wellen 58
Meine erhobenen Arme 59
Allein 60
Eis und Licht 61
Bruder Tod 62
Vor dir der Weg 64

Stille Wege ins Geheimnis

Wie sich dein Weg auftut 67
Von hier nach dort 68
Fast Mitternacht 69
Wenn das Schwere leicht wird 70
Als mein Vater starb 71
Was sich versteckt hält 72
Gefüllte Hände 74
Was wir wert sind 75
Worin besteht deine Armut? 76
Alles, was Gott berührt 77
Was der Plan ist 78
Die eine Botschaft 79
Es ist schon die Asche 80
Flucht 81
Es muss etwas geben 82
Was bin ich mir? 83
Nebel um Nebel 84
Ich genüge 85
Der Wind und seine Richtung 86
Verlass die Buchstaben 87

Zum Lesen und Hören

Ulrich Schaffer, Unterwegs
128 Seiten, Paperback
mit eingelegter CD; Bestell-Nr. 1694

Ein Band zum Kennenlernen und Schmökern. In sechs Kapiteln hat Ulrich Schaffer die besten und interessantesten Texte aus seinen Büchern aus den letzten zehn Jahren zusammengestellt. Die Texte fordern heraus, machen Mut, überraschen und laden zum Nachdenken ein.
Die Stimme des Autors bringt die Texte zum Leben.

Neue Gedichte

Ulrich Schaffer, Lichtlinien
96 Seiten, Paperback
Bestell-Nr. 1693

Gedichte, die menschlich von uns reden. Sie handeln vom Licht, von der Sonne des Geistes, die die Schattenseiten des Alltags überstrahlt, und davon, wie wir sie in unser Dasein lenken können. Ein Buch, das immer wieder neue Einsichten verschenkt.

KREUZ: Was Menschen bewegt.
www.kreuzverlag.de

Die Deutsche Bibliothek - CIP-Einheitsaufnahme
Ein Titeldatensatz für diese Publikation ist bei
Der Deutschen Biblothek erhältlich

1 2 3 4 5   04 03 02 01 00

Ein Unternehmen der Dornier Medienholding GmbH
Postfach 80 06 69, 70506 Stuttgart, Tel.: 0711/78 80 30
Umschlaggestaltung: Ulrich Schaffer
Umschlagfoto: Ulrich Schaffer, Wolken in der
mexikanischen Wüste
Konzeption, Gestaltung und Layout: Ulrich Schaffer,
unter Verwendung des Software-Programms QuarkXPress
Autorenfoto: Friedrich Peter, auf einer Fotoreise in der
Prärie Montanas
Schrift: Palatino 9,8/11,5
Druck und Bindung: Kösel, Kempten
ISBN 3-7831-1792-5

Wenn du losgehst

Die Frage, warum du geboren bist,
schlägt dich, sie liebkost dich,
sie schenkt dir Flügel,
sie schlägt Wurzeln in dir,
aber sie bleibt Frage.

Bis du losgehst, entlang der Grenze
zwischen Wasser und Land,
zwischen Feuer und Wasser,
zwischen nicht mehr und noch nicht.
Bis du fliegst,
beflosst, beflügelt,
mit Lungen und Kiemen.
Bis du alles umgräbst
und die Erde ein Gesicht trägt.

Dann löst sich die Frage auf,
wird Luft,
die du einatmest,
die du ausatmest.

EDITION schaffen